Daniel Krüger

Methoden des Application Monitoring

Daniel Krüger

Methoden des Application Monitoring

GRIN Verlag

Bibliografische Information der Deutschen Nationalbibliothek: Die Deutsche Bibliothek
verzeichnet diese Publikation in der Deutschen Nationalbibliografie; detaillierte bibliografische Daten sind im Internet über http://dnb.d-nb.de/ abrufbar.

1. Auflage 2008
Copyright © 2008 GRIN Verlag
http://www.grin.com/
Druck und Bindung: Books on Demand GmbH, Norderstedt Germany
ISBN 978-3-640-21836-3

BERUFSAKADEMIE|M A N N H E I M

university of cooperative education | staatliche studienakademie

Fachrichtung
Wirtschaftsinformatik

Studienarbeit

Methoden des Application Monitoring

Daniel Krüger

Kurs :   WWI 05 G

Unternehmen :   Stadt Mannheim

Abstract

Unternehmen befinden sich in Konkurrenz. Um sich auf dem Markt behaupten zu können, müssen die Geschäftsprozesse der Unternehmen immer wieder verändert und optimiert werden. Davon ebenfalls betroffen sind die am jeweiligen Geschäftsprozess beteiligten Anwendungen. Eine fortschreitende, flexible Modellierung von Geschäftsprozessen erfordert eine ebenfalls flexible Anwendungsarchitektur, die sich den veränderbaren Anforderungen anpassen kann.

Auch wenn der Einsatz von Anwendungen gut geplant und durchdacht erfolgt, so ist es dennoch notwendig, zumindest den Betrieb der Kernprozesse abzusichern. Nicht selten werden Geschäftsprozesse durch den Ausfall von beteiligten Anwendungen unterbrochen. Dies hat weitreichende Konsequenzen. Schaden in Form von entgangenem Gewinn oder Imageverlust kann die Folge sein.

Dass eine Anwendung regulär funktioniert, darf nicht nur – wenn überhaupt – vom Anwender abhängen. Deshalb ist es notwendig, Anwendungen ganzheitlich maschinell zu überwachen.

Derzeit existieren Lösungen aus dem Bereich der Netzwerküberwachung. Diese versprechen viel, haben jedoch nur eine externe Sichtweise auf Anwendungen. Ausschlaggebend ist deshalb auch die Anwendungsarchitektur. Diese hat den Spagat zwischen den bestehenden Flexibilitätsansprüchen und einer soliden Überwachungsmöglichkeit zu meistern.

Interessant ist in diesem Zusammenhang die historische Analyse und Bewertung verschiedener Anwendungsarchitekturen. Die fortschreitende Komplexität von innovativen Paradigmen verschleiert die eigentlichen Gründe dieser Entwicklung. Es ist nicht offensichtlich, welche Möglichkeiten verschiedene Anwendungsarchitekturen zur Überwachung anbieten.

Diese Studienarbeit betrachtet zunächst die Möglichkeiten und Grenzen der Netzwerküberwachung anhand definierter Kriterien. Ergebnisse werden in einer Übersicht zusammengefasst. Aus den Grenzen der Netzwerküberwachung resultiert die Notwendigkeit einer weiterführenden, historisch aufsteigenden Betrachtung verschiedener Anwendungsarchitekturen. Die Architekturen werden Anhand von Kriterien bezüglich ihrer Überwachungsmöglichkeiten evaluiert. Die Bewertung erfolgt anhand eines kohärenten, tabellarischen Vergleichs. Die Lösung der Java Management Extensions wird aufgezeigt.

Inhaltsverzeichnis

1 Einführung

Informations- und Kommunikationstechnologien sind inzwischen im unternehmerischen Alltag fest verwurzelt. Viele wirtschaftliche Funktionsbereiche wie Finanzbuchhaltung, Beschaffung, Fertigung, Vertrieb, Logistik und Personalwesen werden durch Anwendungen unterstützt[1]. Die dabei anfallende Informationsverarbeitung beinhaltet Standardoperationen wie drucken, ordnen, sortieren, vergleichen, rechnen, speichern und darstellen[2].

Die Operationen von Anwendungen sind fest in Geschäftsprozesse integriert. Dabei bestehen zwischen Geschäftsprozessen und dem Zustand der Anwendungen Abhängigkeiten. Ausfälle oder unberechenbares Anwendungsverhalten können negative Auswirkungen auf den Ablauf von Prozessen haben. Indirekt besteht somit auch eine Abhängigkeit zwischen dem Anwendungszustand und den Kosten.

Gerade in größeren Unternehmen existieren häufig verschiedene Anwendungen nebeneinander. Solche komplexen Anwendungssysteme teilen sich meistens aus finanziellen Gründen Ressourcen, Subsysteme und Daten. Aufgrund der Komplexität solcher Systeme werden Störungen eventuell erst nach einer gewissen Verzögerung festgestellt. Oftmals entdeckt der Anwender selbst eine Störung – nicht der technische Verantwortliche. Bleiben Störungen im Anwendungssystem längere Zeit unentdeckt, so können sie weitere Kosten verursachen. Für das Unternehmen kann ein unvorhergesehener Schaden entstehen. Stellt ein Anwender immer wieder aufs Neue fest, dass eine Anwendung fehlerhaft ist, nimmt seine Akzeptanz ab und er reagiert frustriert.

Aus diesen Gründen wird von vielen Unternehmen eine hohe Anwendungsverfügbarkeit angestrebt. Kernprozesse des Unternehmens sollen möglichst nicht unterbrochen oder eingeschränkt werden. Um die fortwährende Funktion von Geschäftsprozessen zu gewährleisten ist es erforderlich, die daran beteiligten Anwendungen zu überwachen. Eine professionelle „Anwendungsüberwachung" (engl. application monitoring) ist notwendig.

Interessant in diesem Zusammenhang ist die Frage, wie eine optimale Anwendungsüberwachung aussehen sollte und welche Realisierungsmöglichkeiten die aktuellen Informations- und Kommunikationstechnologien anbieten.

---

[1] Vgl. [OHW04] S.53

[2] Vgl. [OHW04] S.23

1.1 Motivation

Moderne kaufmännische Anwendungen lassen sich nicht mehr auf Standardoperationen beschränken. Damit ein Unternehmen neben der Konkurrenz bestehen kann, müssen Geschäftsprozesse und die jeweils daran beteiligten Anwendungen möglichst schnell und flexibel modelliert werden. Der Weg vom Modell zur fertigen Anwendung wird dabei zunehmend automatisiert.[3]

Serviceorientierte Architekturen (SOA) zielen deshalb darauf ab, Anwendungen flexibel zu halten. Mittels SOA lassen sich Anwendungen aus verschiedenen Komponenten oder Funktionsbausteinen zusammensetzen. Bei Bedarf können Komponenten einfach neu hinzugefügt oder substituiert werden.[4]

Solch ein Komponenten-Modell verspricht ein hohes Maß an Flexibilität. Allerdings wirft das Modell unter dem Aspekt der Anwendungsüberwachung auch weitere Fragen auf. Interessant ist deshalb die Frage, inwiefern aktuelle Überwachungsmethoden den Anforderungen einer flexiblen SOA gerecht werden können. Eine genauere Untersuchung verschiedener Überwachungsmethoden ist notwendig.

Motivierend wirkt zudem eine Studie des Marktforschungsunternehmens Gartner. Gemäß der Studie sind 40% der Ausfallzeiten auf Fehler in Anwendungen zurückzuführen.[5]

Nur wenn ein Fehler in einem frühen Stadium erkannt wird, kann schnell reagiert werden. Diese Studie hat deshalb zum Ziel, einen theoretischen Einstieg in die Anwendungsüberwachung zu finden. Aktuelle Lösungen aus dem Bereich der Netzwerküberwachung sind bezüglich ihrer Möglichkeiten und Grenzen zu bewerten. Die Schwachstellen bei der Überwachung verschiedener Anwendungsarchitekturen sind aufzuzeigen. Es erfolgt die historisch aufsteigende Bewertung der Architekturen unter dem Aspekt der Überwachungsmöglichkeit. Die Überwachungsmethoden sollen den Anforderungen einer SOA gerecht werden.

---

[3] Vgl. [MI02] S. V
[4] Vgl. [FR07] S.7
[5] Vgl. [GAR08] S.1

1.2 Aufbau der Studienarbeit

Der Begriff „Anwendungsüberwachung" setzt sich aus „Anwendung" (Objekt) und „Überwachung" (Vorgang, Methode) zusammen. Zunächst werden grundlegende Anforderungen an die Anwendungsüberwachung bestimmt. Die geforderte Überwachungsmethodik wird definiert und relevante Überwachungskriterien werden ausgewählt.

Im Anschluss werden die aktuellen Methoden der Netzwerküberwachung aufgezeigt. Die Möglichkeiten und Grenzen der Netzwerküberwachung werden evaluiert. Aus den Grenzen resultiert die Relevanz einer näheren Betrachtung unterschiedlicher Anwendungsarchitekturen.

Der Aufbau von Architekturen wird historisch aufsteigend, anhand der anfänglich definierten Überwachungskriterien, bewertet. Es erfolgt eine kohärente Bewertung der Architekturen. Die Lösung der Java Management Extensions wird dabei aufgezeigt.

Ergebnisse werden zusammengefasst und ein Ausblick wird gegeben.

2 Anforderungen an die Anwendungsüberwachung

Zunächst werden die grundlegenden Anforderungen bestimmt. Sowohl die relevante Überwachungsmethodik, als auch die notwendigen Überwachungskriterien werden definiert.

2.1 Überwachungsmethodik

Eine Überwachung (engl. monitoring) hat zum Ziel, frühzeitig und zuverlässig Fehler zu erkennen und zu melden. Bei komplexen Systemen ist es notwendig, dass in definierten Zeitintervallen, in einer zentralen Station, eine Diagnose durchgeführt wird.

Die „Diagnose ist der Prozess der Festlegung des inneren Zustands eines Systems aufgrund einer vorliegenden Symptomatik und physikalischer Gesetzmäßigkeiten."[6] Dabei muss von einem oder mehreren Symptomen auf den Systemzustand geschlossen werden. Dieser Rückschluss von einer Wirkung auf eine oder mehrere mögliche Ursachen wird „Abduktion" genannt.[7]

Systeme, die eine Abduktion leisten, werden als „Diagnosesysteme" bezeichnet und der Gruppe der Expertensysteme zugerechnet. Diagnosesysteme klassifizieren verschiedene Symptomfälle, oft auf Grundlage einer Reduktion umfangreichen Datenmaterials und ggf. sogar unter Berücksichtigung unsicheren Wissens.[8]

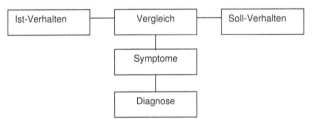

Abbildung 1: Ablaufschritte bis zur Diagnose[9]

Ein Diagnosesystem arbeitet wie folgt: Ein Soll-Verhalten wird definiert. Das Ist-Verhalten wird zyklisch erfasst und anhand der gemessenen Größen mit dem Soll-Verhalten verglichen. Die Abweichung von Soll- und Ist-Verhalten bildet ein Symptom. Anhand von Symptomen kann über eine Abduktion die Diagnose durchgeführt werden. Der bestimmte Systemzustand kann dann weiter verarbeitet werden. Grundsätzlich können wissensbasierte und konventionelle Diagnosestrategien zur Anwendungsüberwachung eingesetzt werden. Es erfolgt zwangsläufig eine Reduktion der Systemkomplexität auf relevante Kriterien.[10]

---

[6] Vgl. [ME90] S.37

[7] Vgl. [ME90] S.37

[8] Vgl. [ME90] S.17

[9] Vgl. [ME90] S.38

2.2 Überwachungskriterien

Zur Spezifizierung des Überwachungsobjektes ist es notwendig, den Begriff „Anwendung" (engl. application) genau zu definieren. Grundlegende Dependenzen werden aufgezeigt.

Einer Anwendung ist ein bestimmter Nutzen zugeordnet, der den Mitarbeitern eines Unternehmens bei der Erfüllung von Aufgaben hilft. Eine Anwendung bietet dem Benutzer Operationen, die funktional einen Nutzen in dem betreffenden Prozess darstellen. Insofern lässt sich der Begriff „Anwendung" von dem gemeinen Begriff „Programm" abgrenzen. [11]

Für die Erzeugung des Nutzens ist es notwendig, dass auf bestehende maschinelle „Ressourcen" zurückgegriffen wird. Hauptspeicher, Prozessor-Rechenzeit, Geräte usw. werden als Ressourcen bezeichnet. Von der Anwendung ausgehend erfolgt der Zugriff auf die Ressourcen. Dies geschieht meistens über Systemaufrufe (engl. system calls) – im Betriebssystem vordefinierte Funktionen. Für die korrekte Ausführung einer Anwendung müssen die von der Anwendung geforderten Ressourcen zum richtigen Zeitpunkt in genügendem Umfang zur Verfügung stehen. [12]

Die Interaktion zwischen Benutzer und Anwendung erfolgt über Eingabe- und Ausgabegeräte. Das Betriebssystem tritt dabei als Schnittstelle auf. Die Aktion eines Benutzers wird „Ereignis" (engl. event) genannt. Ereignisse werden in speziellen Ereignisbehandlungsroutinen (engl. event handler, listener) behandelt.[13]

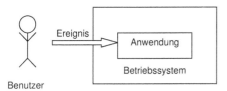

Abbildung 2: Benutzerinteraktion

Der Vorteil von Ereignissen besteht darin, dass ein (Unter-)Programm sich nicht darum kümmern muss, einen bestimmten Anwendungszustand zu ermitteln – z.B. ob eine Anwendung bereits geschlossen ist. Über die Ereignisse der Benutzerinteraktion sind Rückschlüsse auf den internen Anwendungszustand möglich. Ein Ereignis wird nur dann ausgeführt, wenn sich die Anwendung im entsprechenden Zustand befindet. Dazu ist ein Regelwerk von Nachrichten notwendig.[14]

---

[10] Vgl. [ME90] S.37 - 60
[11] Vgl. [OHW04] S.269
[12] Vgl. [AC06] S.13
[13] Vgl. [LM05] S.199
[14] Vgl. [MP08]

Viele neuere Anwendungen werden als verteilte Systeme realisiert. „Ein verteiltes System ist eine Menge voneinander unabhängiger Computer, die dem Benutzer wie ein einzelnes, kohärentes System erscheinen."[15]

Kennzeichnend für ein verteiltes System ist die vorhandene „Middleware". „Der Begriff Middleware bezieht sich auf Software, die der Kommunikation von Software-Systemen dient."[16] Die Aufgabe der Middleware ist die Abstraktion ggf. inhomogener Betriebssysteme. Es wird eine Basis geschaffen, auf der die einzelnen Anwendungsteile miteinander kommunizieren können.

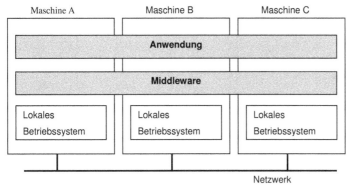

Abbildung 3: Aufbau eines verteilten Systems[17]

Bei einer Anwendungsüberwachung ist immer der gesamte Software-Stack zu betrachten. Somit auch Middleware und Betriebssystem.

Insgesamt lässt sich feststellen, dass Dependenzen zur Anwendungsumgebung bei einer Überwachung berücksichtigt werden müssen. Grundlegend sind Ressourcen-Zustand, Benutzerinteraktion mit der Anwendung (Ereignisdienst) und Middleware-Zustand zu überwachen – sofern den unter 2.1 aufgeführten methodischen Ansprüchen eines Diagnosesystems Beachtung geschenkt werden soll. Ziel ist eine ganzheitliche Symptomerfassung.

Die Überwachungsanforderungen an eine SOA sind zu beachten. Eine umfassende Überwachung für Komponenten muss möglich sein.

---

[15] Siehe [ST03] S.18

[16] Siehe [HJS01] .S.1

[17] Siehe [ST03] S. 19

3 Netzwerküberwachung

Im Folgenden werden die derzeitigen Überwachungsmethoden aus dem Bereich der „Netzwerküberwachung" aufgezeigt. Es wird geprüft, inwieweit diese in der Lage sind, die Anforderungen an ein Diagnosesystem zu erfüllen.

Die Bewertung erfolgt nach der Gegebenheit
1. einer Symptommeldung an eine übergeordnete Station
2. einer ganzheitlichen Erfassung von Symptomen
   (bei Ereignisdienst, Middleware und Ressourcen)
3. einer Unterstützung des Komponenten-Modells (Adaption an SOA)

Von der Internationalen Organisation für Normung (ISO) wurde das FCAPS-Modell entwickelt, in dem Funktionen des Netzwerkmanagements beschrieben und empfohlen werden. Netzwerküberwachung kann, gemäß dem Modell, zusammen mit der Netzwerkkonfiguration als Bestandteil des Netzwerkmanagements angesehen werden.[18]

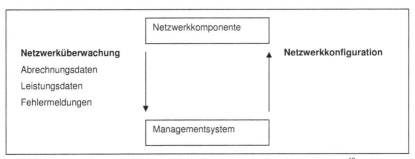

Abbildung 4 : Netzwerküberwachung als Bestandteil des Netzwerkmanagements[19]

Stand der Technik sind derzeit zahlreiche kommerzielle und Open Source Netzwerkmanagement-Programme wie z.B. Nagios, Microsoft Operations Manager, BigSister, HP OpenView, Cacti, IBM Tivoli und MRTG.

Bestandteil dieser Programme ist eine Überwachung der angeschlossenen und konfigurierten Netzwerkkomponenten wie z.B. Router, Switches, Server, Drucker usw.

---

[18] Vgl. [SC06] S.8
[19] Siehe [SC06] S.8

Die Überwachung erfolgt meist auf Ebene des Betriebssystems für Ressourcen. Informationen über Netzwerkkomponenten müssen erfasst, aufbereitet und an zentraler Stelle gesammelt und visualisiert werden. Dies geschieht in der Managementstation. Eine Erfassung von Ereignissen innerhalb der Anwendung ist nicht möglich. Damit eine Managementstation mit den Netzwerkkomponenten kommunizieren kann, müssen die zu erfassenden Informationen der Geräte sehr genau spezifiziert sein.[20]

3.1 Management Information Base

Die Informationen einer Netzwerkkomponente werden in einer definierten Datenstruktur mit dem Namen „Management Information Base" (MIB) abgelegt. Die Datenstruktur befindet sich auf der Komponente. Objekte oder Attribute der Datenstruktur erhalten eine eindeutige Identifikationsnummer – einen Object Identifier (OID). Die spezifischen OID einer Netzwerkkomponente werden in der MIB zusammengefasst.

Da Netzwerkkomponenten ggf. sehr verschieden sind, konnte die Internet Engineering Task Force (IETF) nur einen gewissen Bereich von MIBs standardisieren. In jeder MIB gibt es einen Bereich, in dem ein Hersteller individuelle OID definieren kann.[21]

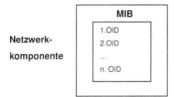

Abbildung 5 : Informationsstruktur in der Netzwerkkomponente

Die durch die Hersteller bedingte Individualität der OID bringt trotz der Standardisierung durch die IETF hohen Konfigurations- bzw. Entwicklungsaufwand für Managementstationen mit sich. Außerdem enthält die von einem Hersteller entwickelte MIB nicht immer die bei der Diagnose erwünschten Informationen.

---

[20] Siehe [TA96] S.650

[21] Vgl. [SC06] S.108

3.2 Simple Network Management Protocol

Grundlage für die Kommunikation zwischen Netzwerkkomponente und Managementstation ist das Netzwerk. Im Jahr 1988 wurde von der IETF das Simple Network Management Protocol (SNMP) entwickelt, um über ein Netzwerk Informationen zwischen Netzwerkkomponente und Managementstation übertragen zu können.[22]

Die MIB einer Netzwerkkomponente kann über das SNMP zur Managementstation übertragen und dort verarbeitet werden.[23] Stand der Technik ist derzeit SNMP in der Version drei.

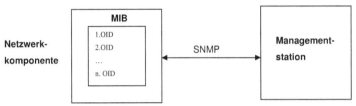

Abbildung 6 : Informationsfluss über SNMP

Die Basis für die SNMP-Kommunikation bilden das Transmission Control Protocol (TCP) bzw. das User Datagram Protocol (UDP). Beide befinden sich auf der Transportschicht (engl. transport layer) des Open System Interconnection (OSI) -Referenzmodells.[24]

Der Informationsfluss kann

1. durch die Managementstation initiiert werden. Dann erfolgt eine Antwort der Netzwerkkomponente (bidirektionale Kommunikation). Es findet ein „Polling" nach zeitlichem Abfrageintervall statt.

2. bei einem besonderen Ereignis durch die Netzwerkkomponente initiiert werden (unidirektionale Kommunikation). Es findet ein „Trap" statt.

Nur bereits in der Komponente erfasste Informationen können mittels SNMP kommuniziert werden. Die Erfassungsmöglichkeiten sind auf die herstellerspezifischen Möglichkeiten der jeweiligen MIB begrenzt. Außerdem ist das SNMP abhängig von der Verfügbarkeit der Transportschicht. Bei Ausfall eines Subnetzes oder der Managementstation kann keine Erfassung erfolgen.

---

[22] Vgl. [SC06] S.69

[23] Vgl. [SC06] S.73

[24] Vgl. [TA96] S.44 - 51

3.3 Remote Network Monitoring

Das Remote Network Monitoring (RMON) ist als Erweiterung des SNMP Rahmenwerkes zu betrachten.[25] RMON verfolgt den Ansatz einer zusätzlichen MIB, die in dem zu überwachenden Subnetz platziert wird, um dort statistische Informationen über das Subnetz zu sammeln. Ist die Managementstation vorübergehend nicht erreichbar, so hat dies keinen Einfluss auf die Erfassung der Subnetz-Information. Die fehlende Information kann von der Managementstation im Nachhinein über das SNMP angefordert werden. Eine Zusammenfassung der Subnetz-Information hat zudem eine Reduzierung des Netzwerkverkehrs zur Folge.[26]

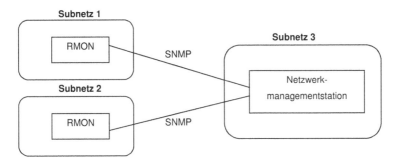

Abbildung 7 : Beispiel einer RMON Implementierung

Auch wenn dieser Ansatz die Erfassung bei Ausfällen verbessert, so besteht weiterhin das Problem der durch den Hersteller begrenzten MIB.

3.4 Agent

Um dem unter 3.1 und 3.2 genannten Problem der herstellerspezifischen MIB und der dadurch begrenzten Information zu entgehen, werden zusätzlich „Software-Agenten" für verschiedene Betriebssysteme eingesetzt.

Beispielsweise verfügt das unter 3. erwähnte Programm „Nagios" über Software-Agenten für verschiedene Betriebssysteme. Ziel eines solchen Agenten ist es, einen Dienst anzubieten, der den ursprünglichen SNMP-Agenten (der Informationen in der MIB ablegt)[27] erweitert oder ersetzt und eine tiefer gehende Überwachung ermöglicht. Der Agent wird in dem zu überwachenden Betriebssystem verankert und dauerhaft aktiviert. Dort kann er in Interaktion mit der bestehenden Umgebung treten – sofern er über eine ausreichende Berechtigung verfügt.[28]

---

[25] Siehe [SC06] S.234

[26] Vgl. [SC06] S.233 - 234

[27] Vgl. [TA96] S.650

[28] Vgl. [KHL06] S.21 - 23

Abbildung 8 : Interaktion des Software-Agenten mit der Umgebung

Durch einen Software-Agenten ist es möglich, das unter 3.1 und 3.2 genannte Problem zu umgehen. Jedoch ist die Installation des Agenten auf Netzwerkkomponenten

1. nicht immer möglich (z.B. wenn es sich um Drucker handelt) und

2. aus Sicherheitsgründen nicht immer erwünscht.

3.5 Bewertung

In der folgenden Übersicht erfolgt die kohärente Bewertung der Möglichkeiten und Grenzen der Netzwerküberwachung. Es werden die definierten Überwachungskriterien den tatsächlichen Umsetzungsmöglichkeiten gegenübergestellt.

Nr.:	Überwachungskriterium:	Umsetzungsmöglichkeit:
(1)	Möglichkeit einer Symptommeldung	Ja
(2)	Ressourcen-Zustand	Ja
(3)	Middleware-Zustand	Nein
(4)	Komponenten-Modell wird unterstützt (Adaption an SOA)	Nein
(5)	Ereignisse der Benutzerinteraktion (Ereignisdienst)	Nein

Tabelle 1: Auswertungsergebnisse der Netzwerküberwachung

Grundsätzlich besteht in der Netzwerküberwachung die Möglichkeit, Symptome an eine zentrale Station zu melden (1). Anhand der eingesetzten Methoden können die Ressourcen (2) von Anwendungen auf Betriebssystemebene überwacht werden. Die Überwachung einer Middleware (3) ist nicht möglich, da dafür in der Netzwerküberwachung keine Schnittstelle vorgesehen ist. Wie die bisherige Erörterung zeigt, ist eine Adaption an eine SOA konzeptuell nicht vorgesehen (4). Es fehlt auch hier die Schnittstelle. Eine durch den Hersteller definierte und begrenzte Informationserfassung erfordert meist den Einsatz zusätzlicher Software-Agenten. Aber auch durch zusätzliche Software-Agenten ist die Erfassung von anwendungsinternen Ereignissen bei der Benutzerinteraktion (5) mit den bereits aufgezeigten Methoden nicht möglich.

Die unter 2.1 geforderte methodische Symptom-Erfassung ist dadurch unvollständig und auf eine anwendungsexterne Sicht beschränkt. Eine umfassende Abduktion im Sinne eines Diagnosesystems ist daher in der Netzwerküberwachung nicht möglich.

Es ist notwendig, auch die Erfassung anwendungsinterner Ereignisse in die Überwachung mit einzubeziehen. Maßgebend sind somit die Möglichkeiten der zugrunde liegenden Anwendungsarchitektur.

4 Überwachungsmöglichkeiten von Anwendungsarchitekturen

Die Vielfältigkeit verschiedener Anwendungsarchitekturen ist historisch bedingt und resultiert überwiegend aus technologischen Innovationen. Grundsätzlich lassen sich Anwendungen nach dem bei der Entwicklung verwendeten Modell – auch Paradigma genannt – unterscheiden.

Im Folgenden werden – für verschiedene Entwicklungsmodelle – grundlegende Möglichkeiten der Anwendungsüberwachung aufgezeigt und bewertet. Eine Bewertung erfolgt nach der Gegebenheit

1. einer Symptommeldung an eine übergeordnete Station

2. einer ganzheitlichen Erfassung von Symptomen

   (bei Ereignisdienst, Middleware und Ressourcen)

3. einer Unterstützung des Komponenten-Modells (Adaption an SOA)

4. einer Programmiersprachen-Unabhängigkeit

Zweck der Bewertung ist ein grundlegendes Verständnis für die Überwachungsmöglichkeit verschiedener Anwendungsarchitekturen. Schwachstellen und Grenzen der Architekturen werden erarbeitet.

4.1 Prozedurales und Funktionales Modell

Das „Prozedurale Modell" ermöglicht eine Strukturierung des Quellcodes in Unterprogramme. Abschnitte des Programms können dadurch von einer anderen Stelle aus aufgerufen werden. Der Vorteil dieses Paradigmas liegt in der Strukturierung des Quellcodes. Redundanz kann vermindert werden.[29]

Im Gegensatz zum Prozeduralen Modell ermöglicht das „Funktionale Modell" zusätzlich eine Rückgabe von Informationen aus dem Unterprogramm.[30]

4.1.1 Konventionelle Architektur

Einzelne, nicht netzwerkfähige Anwendungen (engl. standalone applications) sind noch immer in Unternehmen anzutreffen. Meist handelt es sich dabei um sehr spezielle oder nicht mehr dem Stand der Technik entsprechende Anwendungen.

Rückgabewerte aus der Benutzerinteraktion können dann nur direkt – meist visuell – an den Benutzer kommuniziert werden. Eine Meldung von Symptomen an eine übergeordnete Diagnosestation ist hier nicht möglich. Anwendungen dieser Art bilden architekturbedingt eine Überwachungslücke.

---

[29] Vgl. [HW88] S.99

[30] Vgl. [HW88] S.115

4.1.2 Client-Server Architektur

Die Client-Server Architektur entwickelte sich im Rahmen des Technologiefortschrittes mit dem Erscheinen der Netzwerktechnik. Prozesse wurden in zwei räumlich getrennte Systeme aufgeteilt – in „Client" und „Server".

Ein Client läuft auf dem Rechner des Benutzers. Er fordert eine Dienstleistung (engl. service) eines anderen Rechners – eines Servers – an. Der Client ist dabei das „anfordernde" und der Server das „horchende" System. Der Nachrichtenaustausch zwischen den Systemen erfolgt über ein definiertes Protokoll – TCP bzw. UDP sind weit verbreitet.[31]

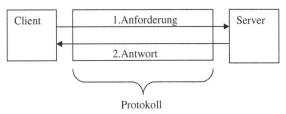

Protokoll

Abbildung 9 : Aufbau einer Client Server Kommunikation

Bei der Kommunikation kommt es zwischen Anforderung und Antwort zu einem zeitlichen Versatz. Nach Bereitstellung des Dienstes liefert der Server als Ergebnis eine Antwort.[32]

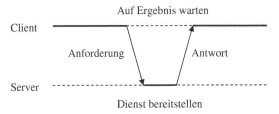

Abbildung 10 : Zeitlicher Versatz bei der Client-Server-Kommunikation[33]

Fordert ein Client einen Dienst des Servers an, so muss er so lange warten, bis der Server antwortet oder eine definierte Toleranzzeit (engl. timeout) abgelaufen ist. Antwortet der Server nicht innerhalb der Toleranzzeit, so kann dies verschiedene Gründe haben. Es ist für den Client nicht möglich diese festzustellen.

---

[31] Vgl. [HJS01] S.2
[32] Vgl. [TA96] S.19
[33] Siehe [ST03] S.62

Symptome, die die Verbindung betreffen, lassen sich nicht immer eindeutig erfassen. Auf- und Abbau der Netzwerkverbindung sind problematisch – ebenso eine plötzliche Verbindungsunterbrechung.

Eine Meldung von Symptomen an eine zentrale Diagnosestation ist möglich. Bei einer Verbindungsunterbrechung kann jedoch die Ursache der Unterbrechung nicht differenziert werden. Ob beispielsweise ein Server-Absturz wegen zu wenig Arbeitsspeicher vorliegt oder ob keine Netzwerkverbindung besteht, kann nicht unterschieden werden. Aussagekräftige Symptome existieren nicht. Eine Diagnose im Sinne eines Diagnosesystems (siehe 2.1) ist deshalb nicht möglich. Dies gilt in gleicher Weise für Architekturen, die von der Client-Server-Architektur abgeleitet sind wie z.B. Multi-Tier-Architekturen[34].

4.1.3 Remote Procedure Call Architektur

Die Client-Server-Architektur wurde dahingehend erweitert, dass die Details der Netzwerkkommunikation von der eigentlichen Anwendung getrennt wurden. Serverseitige Implementierungen können – ohne dass der Programmierer sich um die Netzwerkkommunikation auf niederer Ebene kümmern muss – direkt vom Client aus aufgerufen werden. Bei solch einer Remote Procedure Call (RPC) Architektur wird die Netzwerkkommunikation komplexer Daten durch Code-Fragmente (engl. stubs) abstrahiert. Es existiert eine Middleware-Funktionalität.

Bestandteil der Middleware-Funktionalität ist das „Marshalling". Der Client kann über ein Marshalling auf den Server-Adressraum zugreifen.[35] In einem Netzwerk unterscheidet sich ggf. die Wertigkeit der Bitfolge von Datentypen in Abhängigkeit von der Hardware (verwendete Folgen sind z.B. Little-Endian und Big-Endian). Beim Marshalling werden deshalb alle für den Aufruf notwendigen Informationen in ein neutrales Format gewandelt, das über das Netzwerk versendet werden kann.[36]

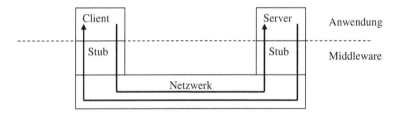

Abbildung 11 : Aufbau einer RPC-Architektur[37]

---

[34] Vgl. [HSJ01] S.8-10
[35] Vgl. [SHM94] S.1
[36] Vgl. [HJS01] S.121
[37] Vgl. [HJS01] S.2

Eine Interface Definition Language (IDL) definiert die Schnittstelle zwischen Client und Server. Die beidseitigen Code-Fragmente werden über die IDL generiert. Bei der Generierung wird eine eindeutige Kennzeichnung der Schnittstelle im Netzwerk definiert – der Universal Unique Identifier (UUID).[38]

Um Client und Server zu verbinden (engl. bind), sind verschiedene Informationen notwendig:

1. Die Art des Protokolls
2. Die IP-Adresse des Servers
3. Der Port, auf den der Server reagiert („Endpoint")

Bindungsinformationen können mit einem Namen versehen und in einem Namensdienst (engl. name service, directory service) abgelegt werden. Der Cell Directory Service (CDS) speichert die Bindungsinformationen. Am Namensdienst teilnehmende Anwendungen können anhand des Namens an Bindungsinformationen gelangen.

Während einer RPC-Verbindung kann es zu zahlreichen Störungen kommen. Im Gegensatz zur konventionellen Client-Server-Architektur existiert bei einer RPC-Architektur eine Fehlerbehandlung (engl. exception handling). Server- oder Kommunikationsfehler werden an den Client weitergeleitet. Verschiedene Fehlercodes sind definiert.[39]

Grundsätzlich ist die Unterscheidung verschiedener Symptome somit möglich. Die Sammlung von Symptomen an einer zentralen Diagnosestation ist jedoch nicht in RPC implementiert. Eine übergeordnete Ereignisbehandlung existiert nicht. Das bedeutet, dass Symptome von Anwendungsteilen umständlich und unsicher weitergeleitet werden müssen. Die Überwachung der Middleware erfolgt durch die Fehlerbehandlung.

4.2 Objektorientiertes Modell

Im Interesse verschiedener Qualitätsanforderungen an Software sollte der Quellcode übersichtlicher werden. Eine weiterführende Möglichkeit der Kapselung wurde entwickelt. Im „Objektorientierten Modell" werden deshalb – an der Realität orientiert – zusammengehörende Datentypen in einer Klasse gekapselt. Aus einer Klasse lassen sich Objekte instanziieren. Die so entstandenen, schützbaren Attribute eines Objektes können über dessen Methoden manipuliert werden. Ein Konstruktor initialisiert die Attribute bei der Objekterzeugung. Ein Destruktor terminiert das Objekt, wenn es nicht mehr benötigt wird. Weitere Neuerungen sind Vererbung und Polymorphie.[40]

---

[38] Vgl. [SHM94] S.4 - 5

[39] Vgl. [SHM94] S.74

[40] Vgl. [MS05] Kapitel 2

4.2.1 Common Object Request Broker Architecture

Durch die Entwicklung und zunehmende Verbreitung des objektorientierten Modells bildete sich ein Zusammenschluss von Unternehmen, die Interesse an dessen Weiterentwicklung hatten. Zunächst acht Unternehmen schlossen sich deshalb in einem Konsortium zur Object Management Group (OMG) zusammen und veröffentlichten weiterführende technologische Anforderungen. Eine verteilte, objektorientierte, plattformunabhängige Architektur – für verschiedene Programmiersprachen – mit dem Namen Common Object Request Broker Architecture (CORBA) wurde definiert.[41]

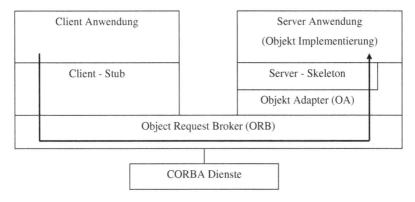

Abbildung 12 : Aufbau einer CORBA Architektur[42]

Ein Kernbestandteil dieser Architektur ist die Middleware: Der Object Request Broker (ORB). Ähnlich dem zuvor erläuterten RPC werden über eine IDL zwei Code-Fragmente als Schnittstelle zwischen Client und Server erzeugt. Die Client-Schnittstelle wird „Stub" und die Server-Schnittstelle wird „Skeleton" genannt. Stub und Skeleton kommunizieren mit dem ORB.[43]

Der Programmcode, der die Implementierung eines Objektes übernimmt, wird auch „Servant" genannt. Wird ein Servant erzeugt, so wird eine Objektreferenz generiert. Solch eine standardisierte Referenz wird auch als Interoperable Object Reference (IOR) bezeichnet. Damit der Client eine entfernte Methode eines Server-Objektes aufrufen kann, muss er die zugehörige IOR kennen. Die IOR kann auch unter einem Namen in einem CORBA-Namensdienst hinterlegt werden. Dann muss der Client zunächst nur den Namen kennen und die IOR aus dem Namensdienst auslesen.[44]

---

[41] Vgl. [HJS01] S.223

[42] Vgl. [HJS01] S.229

[43] [HJS01] S.228

[44] [HJS01] S.55,56

Wird von einem Client eine Methode auf dem Server aufgerufen, so wird die Anforderung über den Client-Stub auf den ORB geschrieben. Über den ORB findet ein Marshalling statt. Der ORB gibt die Anforderung schließlich an den Skeleton des Servers weiter. Der Object Adapter (OA) verbindet die Anforderung mit der Objekt-Implementierung.[45]

Lange Zeit waren Middleware, Objektreferenz und Objekt-Adapter nicht weiter spezifiziert. Verschiedene CORBA-Entwickler realisierten unabhängige Lösungen. Eine Standardisierung erfolgte erst im Jahre 1994. Zu dieser Zeit wurde für den ORB ein gemeinsamer Standard mit dem Namen Interoperability Framework General Inter-ORB Protocol (GIOP) definiert. Der Standard ermöglicht es, ORBs verschiedener Hersteller miteinander zu verbinden. An späterer Stelle im Text wird darauf noch weiter Bezug genommen (siehe 4.2.2).[46]

Durch einen „Ereignisdienst" bietet CORBA eine Erweiterung an, die Objekte dynamisch an Ereigniskanälen an- und abmelden kann. Verschiedene Probleme des Dienstes wie z.b. Persistenz und Filterung von Ereignissen ließen sich jedoch nicht zuverlässig lösen.[47]

Dadurch ist es unmöglich, sicherzustellen, dass alle am Ereignisdienst teilnehmenden Objekte die an sie gerichtete Nachricht auch erhalten. Deshalb kommt es in CORBA zu einer grundsätzlich unzuverlässigen Ereignisweitergabe.[48]

4.2.2 Remote Method Invocation Architektur

Es erfolgte die logische Weiterentwicklung des RPC Gedankens – das Remote Method Invocation (RMI). Über RMI können ebenfalls Methoden entfernter Objekte aufgerufen werden. Die RMI-Kommunikation setzt die Java Virtual Machine (JVM) voraus. Der Zustand der JVM kann abgefragt werden.

Für die Client-Server-Kommunikation kann das Internet Inter-ORB Protocol (IIOP) verwendet werden. IIOP ist eine Erweiterung des GIOP-Protokolls (siehe 4.2.1) für das Internet.

Eine Ereignisbehandlung für Objekte in einem verteilten System ist nicht in RMI implementiert. RMI ist abhängig von der Programmiersprache Java.

---

[45] [HJS01] S.228

[46] [HJS01] S.227-228, 230, 235

[47] Vgl. [HJS01] S.335

[48] Vgl. [ST03] S.563 - 564

4.3 Komponenten-Modell

Komponenten-Modelle beschreiben den Entwicklungsrahmen und die Architektur, sowie Verknüpfungs- bzw. Kompositionsmöglichkeiten von Komponenten. Im Komponenten-Modell wird – analog zu den Begrifflichkeiten des objektorientierten Modells – zwischen der „Komponente" und der realen „Komponenteninstanz" unterschieden.

In der Literatur existieren für den Begriff „Komponente" zahlreiche Definitionen. Grundlegend kann eine Komponente als eine Software-Einheit verstanden werden, die nach außen hin mindestens eine besonders definierte Schnittstelle anbietet. Eine Komponente ist Bestandteil einer Gesamtarchitektur. Meist werden Komponenten objektorientiert implementiert.[49]

Nach der Standardisierung von CORBA erfolgte deren Erweiterung. CORBA wurde von der OMG – inzwischen mehrere hundert Mitglieder stark – zu einem komponentenfähigen Paradigma erweitert. Die Spezifikation für „CORBA Components" entstand. Dadurch wurde das „Komponenten-Modell" begründet.[50]

Bestandteile der CORBA-Components-Spezifikation sind:

1. Spezifikation einer Laufzeitumgebung („Container") für Objekte,

2. Integration der Enterprise Java Beans (EJB) der Programmiersprache Java,

3. Festlegung eines Formates zu Komponentenverteilung und

4. Spezifikation von Diensten für Transaktion, Sicherheit und

   Benachrichtigung (Verbesserung des Ereignisdienstes).

Die Spezifikation besagt außerdem, dass Komponenten grundsätzlich unabhängig, in verschiedenen Programmiersprachen, implementierbar sind.

4.3.1 Enterprise Java Beans

Die Enterprise-Java-Beans-Komponenten (EJB) werden in der Programmiersprache Java entwickelt. Die EJB werden als Untermenge der CORBA-Components-Spezifikation betrachtet.[51]

---

[49] Vgl. [CT00] S. xi - xiii

[50] Vgl. [HJS01] S. 243 - 244

[51] Vgl. [HJS01] S. 244

Kommunikationsgrundlage für EJB ist die Ereignisbehandlung von Java mit Auslösern und Empfängern.[52] Eine Benutzerinteraktion auf dem Client wird in ein Ereignis umgesetzt. Der Client sendet das Ereignis an den „Container". Der Container ist die Middleware und ggf. für die Persistenz der Ereignisse verantwortlich. Die EJB werden über den Container aufgerufen.[53]

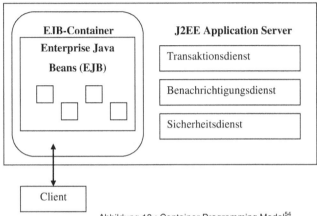

Abbildung 13 : Container Programming Model[54]

Java Beans lassen sich unterscheiden in
  1. Session Beans (für flüchtige Zustände oder Abläufe),
  2. Entity Beans (für persistente Systemdaten) - der Container kann
     die Bereitstellung der Persistenz übernehmen,
  3. Message Driven Beans (für asynchrone Kommunikation).[55]

Es ist möglich, dass eine EJB von sich aus Ereignisse an andere Komponenten versendet. Die empfangende Komponente kann ggf. ein Veto einlegen.[56]

Über diese Architektur können Informationen der Benutzerinteraktion zuverlässig durch Ereignisse versendet werden. Außerdem können interne Komponenten einer bestehenden Anwendung – im Rahmen der definierten Schnittstelle – substituiert werden. Für den Client ist ein hohes Maß an Flexibilität möglich. Die Voraussetzungen zur Implementierung einer SOA sind vorhanden.

---

[52] Vgl. [UC05] S.1308

[53] Vgl. [GI06] S.63 - 67

[54] Vgl. [OMG08] S.42

[55] Vgl. [GI06] S. 61 - 63

[56] Vgl. [UC05] S. 1312, 1315, 1318

Eine zentrale Erfassung der Symptome von Komponenten ist dadurch jedoch noch nicht realisiert. Die Zustände der Container und der EJB sind ebenfalls bei der Erfassung zu berücksichtigen.

4.3.2 Java Management Extensions

Die neuesten Entwicklungen in der Programmiersprache Java berücksichtigen den Gedanken an eine Experten-Überwachung für Anwendungen. Mit den Java Management Extensions (JMX) wird in der Programmiersprache Java erstmalig eine wirklich umfassende Lösung zur Anwendungsüberwachung bereitgestellt.

Neben den zu überwachenden EJB-Komponenten werden zugehörige Repräsentanten erzeugt. Die Repräsentanten der Komponenten werden „MBeans" genannt. MBeans lassen sich in verschiedene Varianten unterteilen. Zu diesen Varianten gehört die „Standard-MBean".

Eine Standard-MBean hat eine Schnittstelle nach außen, die vom Entwickler selbst festgelegt wird. Die Deklarierung erfolgt in einem Java-Interface. In JMX existiert ein Benachrichtigungsmodell, das Änderungen an den Komponenten über die Repräsentanten – z.B. eine Standard-MBean – erfassen und melden kann.

Der Zustand der JVM muss ebenfalls erfasst und gemeldet werden. Dies geschieht über „MXBeans". MXBeans sind eine Erweiterung der MBeans. Sie enthalten Daten über die JVM – z.B. Informationen über Ressourcen oder Namen geladener Klassen, usw.

JMX bietet außerdem verschiedene Monitordienste an. Über diese Dienste lassen sich Zustände von MBeans und MXBeans zyklisch abfragen. Das Absetzen von Ereignissen bei Schwellwertüberschreitung ist möglich.[57]

Anwendungen können somit lückenlos überwacht werden. Die Erfassung von Symptomen ist damit auch für Anwendungen mit SOA möglich. Symptome von Komponenten können an eine zentrale Diagnosestelle gemeldet werden. Werden Komponenten der Anwendung substituiert, so kann die zugehörige Überwachungskomponente ebenfalls getauscht werden.

Es bleibt der Nachteil einer Fixierung auf die Programmiersprache Java.

---

[57] Vgl. [UC07] Kapitel 24.2 – Kapitel 24.6.5

4.4 Bewertung

In der folgenden Übersicht erfolgt die kohärente Bewertung der Gegebenheiten und Grenzen der zuvor betrachteten Anwendungsarchitekturen. Es werden die definierten Überwachungskriterien den tatsächlichen Umsetzungsmöglichkeiten gegenübergestellt.

Nr.:	Überwachungskriterium:	Umsetzungsmöglichkeiten der Anwendungsarchitekturen:					
		Konventionell (a)	Client-Server (b)	RPC (c)	CORBA (d)	RMI (e)	EJB und JMX (f)
(1)	Möglichkeit einer Symptommeldung	Nein	Ja	Ja	Ja	Ja	Ja
(2)	Ressourcen-Zustand	Ja	Ja	Ja	Ja	Ja	Ja
(3)	Middleware-Zustand	Nein	Nein	Ja	Ja	Ja	Ja
(4)	Ereignisse der Benutzerinteraktion (Ereignisdienst)	Ja	Nein	Nein	Nein	Nein	Ja
(5)	Komponenten-Modell wird unterstützt (Adaption an SOA)	Nein	Nein	Nein	Nein	Nein	Ja
(6)	Programmiersprachen-Unabhängigkeit	Ja	Ja	Nein	Ja	Nein	Nein
		Prozedurales und Funktionales Modell			Objektorientiertes Modell		Komponenten-Modell

Tabelle 2: Auswertungsergebnisse der Anwendungsarchitekturen

Es erfolgt zunächst eine vertikale, architekturbezogene Bewertung:

In einer konventionellen Architektur ohne Netzwerkanbindung (a) können Symptome nicht weitergeleitet werden. Eine Middleware-Funktionalität steht nicht zur Verfügung. Anwendungen dieser Art bilden architekturbedingt eine Überwachungslücke.

Bei einer Client-Server Architektur (b) kommt es zu einer Verbindung, deren Symptome nicht differenziert erfassbar sind. Beispielsweise kann eine Kommunikationsunterbrechung, aufgrund eines Server-Absturzes, vom Client nicht genau symptomatisch erfasst werden. Ereignisse der Benutzerinteraktion sind im verteilten System nicht übergreifend erfassbar. Die Symptomerfassung ist somit mangelhaft.

Die RPC-Architektur (c) ermöglicht eine detaillierte Symptombeschreibung der Middleware. Ursachen für eine Unterbrechung sind als Fehlercodes hinterlegt. Es existiert eine explizite Fehlerbehandlung (Exception Handling). Ereignisse der Benutzerinteraktion sind im verteilten System ebenfalls nicht übergreifend erfassbar.

Bei Architekturen, die lediglich dem prozeduralen oder funktionalen Modell folgen, ist die Adaptionsmöglichkeit an eine SOA – zum Zwecke der Überwachung – fraglich. Ein modernes Paradigma ist dafür besser geeignet.

Durch CORBA (d) existiert erstmalig die Möglichkeit eines verteilten Systems, dass dem objektorientierten Modell folgt. Ein großer Vorteil von CORBA ist die Plattformunabhängigkeit. Letztlich ungelöst bleibt der Nachteil der mangelhaften Persistenz bei der Ereignisbehandlung. Es kann nicht sichergestellt werden, dass ein Objekt ein Ereignis wirklich empfangen kann. Ebenfalls problematisch ist die Ereignisfilterung. Eine Adaption an eine SOA ist aufgrund des fehlenden Konzeptes für Komponenten nicht möglich.

Die RMI-Architektur (e) folgt ebenfalls dem objektorientierten Modell. Es bleibt der Nachteil bei der Unterstützung der Ereignisbehandlung. Außerdem besteht eine Abhängigkeit zu der Programmiersprache Java. Dies reduziert die Erfassungsmöglichkeiten. Eine Adaption an eine SOA ist aufgrund des fehlenden Konzeptes für Komponenten nicht möglich.

Architekturen, die dem konventionellen, objektorientierten Modell folgen, haben Schwierigkeiten bei der Ereignisbehandlung, in einem verteilten System. Dies schränkt die Erfassungsmöglichkeiten ein.

Die EJB und JMX (f) erfüllen erstmalig die definierten Überwachungskriterien. Ereignisse der Benutzerinteraktion werden ggf. persistent in einem Container vorgehalten. Objekte – in Form von EJB – können zu Komponenten zusammengefasst werden. Über die JMX ist erstmalig eine lückenlose Überwachung des gesamten Software-Stacks möglich. Ereignisse können – in Abhängigkeit von den internen Zuständen der Komponenten – bei Schwellwertüberschreitung zentral gemeldet werden.

Die Betrachtung der Anwendungsarchitekturen zeigt, dass die definierten Überwachungskriterien nicht von jeder Architektur erfüllt werden.

Es erfolgt eine horizontale, kriterienbezogene Bewertung:

Die Möglichkeit der Symptommeldung an eine räumlich entfernte, zentrale Station (1) ist nur bei einer konventionellen Architektur unmöglich. Die fehlende Netzwerkschnittstelle bedeutet eine Einschränkung bei der Symptom-Weitergabe. Eine Symptom-Erfassung kann dennoch möglich sein.

Eine Erfassung des Ressourcen-Zustands (2) ist bei allen Anwendungsarchitekturen und Paradigmen möglich. Die Möglichkeit, Systemfunktionen aufzurufen und deren Ergebnisse auszuwerten, besteht bei jeder Programmiersprache. Kapazitäten und Geräte-Verfügbarkeiten sind erfassbar.

Der Middleware-Zustand eines verteilten Systems (3) kann erfasst werden. Architekturen bieten Möglichkeiten an, die es erlauben, Symptome der Middleware zu differenzieren. Die weit verbreitete Client-Server-Architektur erweist sich als problematisch, da keine genaue Symptomdifferenzierung möglich ist.

Erst neuere Paradigmen enthalten eine Ereignisbehandlung (4) für Objekte oder Komponenten eines verteilten Systems. Die Symptommeldung von Komponenten an Ereignisse zu binden ist neu. Bei der Entwicklung von CORBA wurde dies zwar erkannt, jedoch nicht konsequent genug umgesetzt. Die aktuellen Lösungen EJB und JMX in der Programmiersprache Java versprechen Ganzheitlichkeit bei der Überwachung. Fortschritte sind im Bereich der Persistenz und Filterung der Ereignisse zu erkennen. Lange Zeit wurde die Relevanz einer übergreifenden Ereignissteuerung nicht erkannt.

Das Komponenten-Modell (5) kann als eine Weiterentwicklung des objektorientierten Modells betrachtet werden. Eines oder mehrere Objekte werden zu einer Komponente zusammengefasst. In der Literatur existieren verschiedene Definitionen für solch ein Modell. Es ist ein aktueller Trend in Richtung dieses Paradigmas zu erkennen. Eine komponentenbezogene Symptommeldung hat den Vorteil einer direkten Zuordnungsmöglichkeit bei der Diagnose. Anwendungskomponenten können ggf. zusammen mit der entsprechenden Überwachungskomponente substituiert werden. Dies verspricht ein hohes Maß an Flexibilität bei der Überwachung.

Bestimmte Anwendungsarchitekturen sind abhängig von der verwendeten Programmiersprache (6). Dies schränkt die Einsatzmöglichkeiten der Architekturen ein. In bestimmten Fällen ist die Symptomerfassung deshalb auf die Fälle beschränkt, in denen die vorherrschende Programmiersprache verwendet wird. Bei neueren Architekturen steht die Programmiersprache Java im Vordergrund.

Zusammenfassend ist festzustellen, dass nur die Anwendungsarchitektur (f) die definierten Überwachungskriterien erfüllt. Nachteilig ist die Abhängigkeit der Architektur von der Programmiersprache Java.

5 Zusammenfassung und Ausblick

Zunächst wurden Anforderungen an die Überwachungsmethodik definiert und Überwachungskriterien ausgewählt.

Anhand der definierten Kriterien erfolgte eine Betrachtung der Netzwerküberwachung. Die Methoden der konventionellen Netzwerküberwachung wurden erarbeitet. Bei der abschließenden Bewertung wurde festgestellt, dass die Netzwerküberwachung auf eine anwendungsexterne Sicht begrenzt ist. Dies genügte nicht dem methodischen Anspruch.

Dadurch wurde es notwendig, auf die Möglichkeiten verschiedener Anwendungsarchitekturen einzugehen. Es erfolgte eine historisch aufsteigende Betrachtung und Bewertung der Architekturen anhand der ausgewählten Kriterien. Bei der abschließenden kohärenten Bewertung wurde festgestellt, dass die Schwäche vieler Anwendungsarchitekturen die Ereignisbehandlung für verteilte Objekte ist. Die Ausarbeitung zeigte schließlich eine von der Programmiersprache Java abhängige Lösung auf.

Die Möglichkeiten, die sich aus der Netzwerküberwachung ergeben, sind im Vergleich zu den Möglichkeiten, die aus der Anwendungsarchitektur stammen, stark begrenzt. Derzeit ist es üblich, sich bei der Anwendungsüberwachung auf eine anwendungsexterne Sichtweise und eine herstellerspezifische Informationssammlung zu beschränken. Moderne Architekturen wie SOA fordern jedoch ein Umdenken. Es ist deshalb anzunehmen, dass die Symptomerfassung zukünftig komponentenbezogen und anwendungsintern erfolgt.

Literaturverzeichnis
Bücher

[AC06]   Achilles, Albrecht (2006):
            „Betriebssysteme"
            1.Aufl., Springer
[CT00]   Cruhn, Thiel (2000):
            „Komponentenmodelle"
            1.Aufl., Addison-Wesley
[FR07]   Fröschle/Reinheimer (2007):
            „Serviceorientierte Architekturen"
            1.Aufl., DPunkt
[GI06]   Gorton, Ian (2006):
            „Essential Software Architecture"
            1.Aufl., Springer
[HJS01]   Hofmann/Jobst/Schabenberger (2001):
            „Programmieren mit COM und CORBA"
            1.Aufl., Hanser
[HW88]   Holzwarth/Wack (1988):
            „Programme, Daten und Strukturen"
            1.Aufl., Europa-Lehrmittel
[KHL06]   Kirn/Herzog/Lockemann/Spaniol (2006):
            „Mulitagent Engineering Theory and Applications in Enterprises"
            1.Aufl., Springer
[KSW98]   Kruglinski/Sheperd/Wingo (1998):
            Inside Visual C++ 6.0
            1.Aufl., Microsoft Press
[LM05]   Louis/Müller (2005):
            „Java 5"
            1.Aufl., Markt+Technik
[ME90]   Mertens, Peter (1990):
            „Expertensysteme in der Produktion"
            1.Aufl., Oldenbourg

[MI02]   Mielke, Carsten (2002):
                „Geschäftsprozesse UML- Modelierung und Anwendungs-Generierung"
                1.Aufl., Spektrum
[MS05]   Main/Saritch (2005):
                „Data Structures & Other Objects Using C++"
                3.Aufl., Addison Wesley
[OHW04]   Olfert, Holey/Welter/Wiedemann (2004):
                „Wirtschaftsinformatik"
                1.Aufl., Kiehl
[SC06]   Schwenkler, Thomas (2006):
                „Sicheres Netzwerkmanagement"
                1.Aufl., Springer
[SHM94]   Shirley/Hu/Magid (1994):
                „Guide to Writing DCE Applications"
                2.Aufl., O'Reilly & Accociates Inc.
[ST03]   Steen/Tanenbaum (2003):
                „Verteilte Systeme Grundlagen und Paradigmen"
                4.Auflage, Pearson Studium
[TA96]   Tanenbaum, Andrew (1996):
                „Computernetzwerke"
                10.Aufl., Prentice Hall
[UC05]   Ullenboom, Christian (2005):
                „Java ist auch eine Insel"
                4.Aufl., Galileo Computing

Internetquellen

[GAR08]   GARTNER
„Application Server Management"
http://www.gartner.com/reprints/adventnet/108841.html
Datum des Zugriffs 03.01.2008

[MP08]   Monadjemi, Peter
http://www.microsoft.com/germany/msdn/library/office/EreignisseInDerOffice
Programmierung.mspx?mfr=true
Microsoft - MSDN, Datum des Zugriffs 01.01.2008

[OMG08]   OMG
„CORBA Components Volume I"
http://www.omg.org/docs/orbos/99-07-01.pdf
Datum des Zugriffs 05.01.2008

[UC07]   Ullenboom, Christian (2007):
„Java ist auch eine Insel"
7.Aufl., Galileo Computing
http://www.galileocomputing.de/openbook/javainsel7
Datum des Zugriffs 05.01.2008

Abkürzungsverzeichnis

CDS   Cell Directory Service

COM   Component Object Model

CORBA   Common Object Request Broker Architecture

DCOM   Distributed Component Object Model

EJB   Enterprise Java Beans

FCAPS   Abkürzung der Aufgabenbereiche im Netzwerkmanagement

GIOP   Interoperability Framework General Inter-ORB Protocol

IDL   Interface Definition Language

IETF   Internet Engineering Task Force

IIOP   Internet Inter-ORB Protocol

IOR   Interoperable Object Reference

ISO   Internationale Organisation für Normung

JMX   Java Management Extensions

JVM   Java Virtual Machine

MIB   Management Information Base

OA   Object Adapter

OID   Object Identifier

OMG   Object Management Group

ORB   Object Request Broker

OSI   Open System Interconnection

RMI   Remote Method Invocation

RMON   Remote Network Monitoring

RPC   Remote Procedure Call

SNMP   Simple Network Management Protocol

SOA   Serviceorientierte Architektur

TCP   Transmission Control Protocol

UDP   User Datagram Protocol

UUID   Universal Unique Identifier

Abbildungsverzeichnis